A Arte de Poupar e de Ganhar

Dedico esse livro à pessoa que, através do seu exemplo,

me ensinou a usar a criatividade para esticar

o pouco dinheiro do orçamento mensal.

Esse livro, mamãe querida, é para você.

A promessa desse livro

No livro *5 Passos Essenciais Para Ficar Rico* descrevo o processo para viver uma vida de independência financeira e de acúmulo de riqueza. Este livro, **A Arte de Poupar e de Ganhar**, é a ferramenta que vai ajudá-lo a encontrar ou liberar recursos no seu orçamento para que você execute com successo sua meta de ser rico.

Em outras palavras, o objetivo desse livro é dar dicas e conselhos para poupar seu dinheiro e para ganhar mais dinheiro.

Essas dicas e conselhos são atividades simples que você pode fazer no dia-a-dia para ter mais recursos financeiros com os quais você poderá comprar sua casa, comprar seu carro, viajar, cuidar da sua família, ajudar o próximo e desfrutar das coisas boas que o dinheiro pode comprar.

Esse livro está organizado em duas partes. Parte 1 tem como foco ajudá-lo a poupar. Parte 2 tem como foco ajudá-lo a ganhar mais dinheiro.

Usando as sugestões descritas aqui você vai abrir sua criatividade para dominar e expandir A Arte de Poupar e de Ganhar. Vamos lá.

Parte 1 – A Arte de Poupar

Você já ouviu o ditado "quanto mais se tem, mais se gasta"? Essa é a marca registrada daqueles que pensam apenas no dia de hoje e não se preocupam com o amanhã. O objetivo dos que pensam assim é desfrutar do dia de hoje e essa mentalidade é a marca registrada de pessoas que não conseguem poupar. Elas não pensam em objetivos a longo prazo.

Cinquenta por cento dos americanos nos Estados Unidos vão ser pobres quando forem velhos porque não pensaram no futuro. Eles chegam na idade de aposentar e não têm dinheiro guardado para poder viver o outros vinte anos que têm pela frente.

Pensar no futuro é a chave do sucesso financeiro. Pessoas que querem ter um futuro melhor vão ter o compromisso de fazer pequenos (ou grandes) sacrifícios **hoje** para terem uma vida mais confortável amanhã.

Há duas estratégias muito importantes para dominar a arte de poupar:

1.Pague você primeiro

2.Viva com menos do que você ganha

Vamos conversar sobre cada uma delas.

Pague Você Primeiro

Falamos do hábito de "quanto mais se tem, mais se gasta". A estratégia de pagar você primeiro vai protegê-lo desse hábito.

Essa estratégia funciona dessa forma: Assim que você receber seu próximo pagamento, tire pelo menos 10% e coloque na poupança. Por exemplo, se você recebe dois mil reais por mês, antes de fazer qualquer outra coisa com seu dinheiro, você vai tirar duzentos reais e colocar na poupança.

Se o seu salário é depositado diretamente na sua conta bancária, peça ao seu banco que automaticamente tire os 10% da sua conta e coloque numa conta poupança. Se você recebe seu pagamento em dinheiro ou cheque, tenha a disciplina de separar pelo menos 10% do seu pagamento e colocar na poupança.

Considere que você está pagando você primeiro. Sim. Os 10% do seu salário na poupança é o que você deve a você mesmo – economizar hoje para ter um futuro melhor.

Gosto muito dessa estratégia porque ela é fácil de colocar em prática, rápida e radical. É aqui que você vai testar seu comprometimento em ser rico ou não.

Eu sei que você não vai gostar de colocar essa estratégia em prática. Você não precisa gostar. Você só precisa fazer. É como fazer exercício físico – é difícil no começo até que se torne fácil – mas com o passar dos meses você vê a diferença que a atividade física fará no seu corpo. E da mesma forma, pagando você primeiro, sua independência financeira e acúmulo de riqueza estará ao seu alcance.

Pagar você primeiro é uma estratégia muito importante que força você a viver com 90% do seu salário atual. Será que você consegue viver com 90% do seu salário? **Essa não é a pergunta certa.**

Se você leu o livro *5 Passos Essenciais Para Ficar Rico*, você aprendeu que é importante fazer a pergunta certa, pois sua mente vai gerar respostas para a pergunta que você fizer.

Então a pergunta certa é **"como"**. "Como – ou o que preciso fazer - para conseguir viver com 90% do meu salário?" Essa pergunta nos leva à próxima estratégia da arte de poupar.

Viva Com Menos Do Que Você Ganha

No meu livro, *5 Passos Essenciais Para Ficar Rico*, falo sobre a importância de viver dentro do seu padrão financeiro sem se importar em dar uma falsa aparência de riqueza para outras pessoas ao seu redor. Menciono como exemplo o cantor Michael Jackson que apesar de parecer rico, era na verdade pobre, pois fez dívidas enormes para sustentar sua aparência de riqueza.

Nesse capítulo vamos conversar sobre como viver com 90% do seu salário. Mas antes de começarmos, precisamos completar um exercício importante.

Faça uma lista dos seus gastos mensais e escreva o valor de quanto você gasta com cada um desses ítens.

Transforme em valor mensal aquelas despesas que você paga trimestralmente ou anualmente. Por exemplo, se você paga mil reais por ano pelo imposto da casa, então divida esse valor em 12 meses e anote o valor mensal na sua lista de gastos abaixo. Se a cada três meses você paga o seguro do carro, então divida o valor pago por 3 e anote o valor mensal na sua lista de gastos.

Veja a lista abaixo para facilitar e anote quanto você gasta mensalmente com:

Internet

TV a cabo

Financiamento do carro

Seguro do carro

Limpeza do carro

IPVA

Gasolina

Estacionamento

Supermercado/Alimentação

Alimentação fora de casa (restaurante, lanche na escola, etc)

Plano de Saúde

Médico

Remédio ou vitaminas

Dentista

Oculista

Escola para você ou seus filhos

Aula particular, aula de música, aula de balé, etc.

Livros e materiais escolares

Despesas com animais de estimação

Roupa, sapatos, bolsas, e outros ítens de vestuário

Viagens de férias

Cinema, festas, shows e outras diversões

Presentes para amigos e parentes

Salão de beleza, corte de cabelo, etc.

Acrescente nessa lista outros gastos que eu tenha esquecido.

Saiba também quanto você deve. Todos os ítens que você comprou e ainda não pagou completamente fazem parte da sua dívida. Essa dívida inclui:

Quanto você ainda deve para quitar sua casa ou apartamento

Quanto você ainda deve para quitar o seu carro

Quanto você deve no cartão de crédito ou cheque especial

Pagamento de financiamento de outros ítens tais como jóias, TV e outros eletrodomésticos

Dinheiro que você pegou emprestado com parentes ou amigos

Muito bem. Agora você sabe quanto você gasta e quanto você deve. Você também sabe que tem 90% do seu salário para cobrir essas despesas e sabe qual é a pergunta certa.

A pergunta certa é: **Como? O que preciso fazer – para viver com 90% do meu salário?** Aqui começa a parte criativa e é onde dou sugestões práticas de como viver dentro do seu padrão financeiro.

Escolha quais destas sugestões faz sentido para você e sua família e coloque-as em prática. Considere outras estratégias.

O importante é que você encontre uma maneira de viver dentro do seu novo padrão que é 90% do seu salário atual.

Você está pronto? Vamos lá.

Economizando com Serviços Diversos

Você tem pessoas prestando serviços para você, tais como; serviços de salão de beleza, lavajato, ajudante doméstica, serviços para animais de estimação, serviços para crianças, academia, etc.

Reduza a frequência desses serviços ou <u>elimine alguns desses serviços completamente</u>. Se você é casado, lembre-se de incluir seu cônjuge nessa decisão.

Aqui vão algumas sugestões em como reduzir alguns desses serviços. Muitas dessas sugestões são resultado da minha experiência – coisas que eu fiz e que você também pode fazer:

- aprenda a fazer manicure e pedicure em casa e vá ao salão apenas uma vez por mês.

- use um corte de cabelo prático que não dependa de salão de beleza para lavar ou secar.

- aprenda a cortar os cabelos dos seus filhos. É mais fácil do que você imagina e dependendo de quantos filhos você tem, sua economia será enorme! Como aprender a cortar o cabelo das crianças? Aprenda com os peritos via www.youtube.com

- mude de salão de beleza para um que seja menos caro.

- peça a uma amiga que pinte seu cabelo para você.

- lave o carro você mesmo - você economiza o dinheiro e ainda faz atividade física

- aprenda a cuidar do seu animal de estimação e elimine o serviço de pet shop. Além de economizar dinheiro, você passa mais tempo com seu bichinho.

- reduza os serviços de ajudante doméstica. Veja se vale a pena pagar sua funcionária como diarista. Se você tem crianças, comece a ensiná-las a arrumar o quarto, guardar os brinquedos, etc. Se todos os membros da família ajudarem, o serviço doméstico não pesa para ninguém.

- cancele a mensalidade da academia e faça exercícios em casa, brinque com as crianças, faça caminhada, lave o carro, ajude a limpar a casa, use o youtube para aprender exercícios novos, etc.

- cancele a TV a cabo. Hoje em dia temos muitos recursos para assistir filmes e programas bons pela internet. Ao invés de pagar TV a cabo, use Hulu, Netflix, Youtube, etc. Encontre uma solução melhor para assistir televisão. Vamos dizer que sua TV a cabo custa $80 reais por mês. Ao final do ano, você gastou $960 reais com TV a cabo. O Netflix custa $12 reais por mês e ao final de um ano, você gastou $144 reais. Se você não tem tempo para assistir televisão, cancele tudo e economize ainda mais. Quando der vontade de assistir um filme bom, pegue um filme na locadora.

- repense as aula de balé, violão, futebol, inglês e aulas particulares que você paga para você ou seus filhos. Considere o motivo para tais aulas e o custo de cada uma delas. Quando meus filhos eram pequenos, resolvi que aulas de natação era algo importante para eles, pois saber nadar é uma das habilidades que todo adulto deve ter. Além do mais, natação é um dos melhores esportes físicos e o gasto é apenas uma toalha, uma touca e um short de banho. Os filhos de uma amiga minha participaram de uma infinidade de esportes quando eram pequenos. Minha amiga gastou uma fortuna ao longo dos anos para que os pequenos tivessem a oportunidade de experimentar vários esportes. No entanto, quando chegou a hora dos pequenos irem para a faculdade, minha amiga não tinha como ajudá-los financeiramente, pois não tinha dinheiro. O que é mais importante, o balé de hoje ou a faculdade de amanhã?

- assim como a TV a cabo, verifique se há uma opção menos cara para o telefone celular. Use serviços gratuitos como What's Up sempre que possível.

- quais são outros serviços que você pode reduzir ou cortar? Seja criativo e comece hoje mesmo.

Economizando com Presentes e Diversão

As próximas sugestões vão ajudá-lo a reduzir gastos com presentes, diversão, viagens, etc. Mais uma vez, você vai decidir quais sugestões fazem sentido para você e sua família na sua jornada pessoal de acumular riqueza.

- comer fora é a categoria com a qual gastamos dinheiro sem perceber. Reserve as idas ao restaurante para ocasiões especiais tais como; aniversários, aniversário de casamento ou outra comemoração especial. Cozinhe e coma em casa sempre que possível, pois é mais barato e muito mais saudável.

- o cafezinho, o lanchinho, a coxinha, o espetinho – de grão em grão a galinha enche o papo. Nesse caso, de cafezinho em cafezinho seu bolso fica vazio. Leve o lanchinho de casa – uma barrinha de cereal, um pedaço de bolo, um biscoito de queijo. Tome o cafezinho da empresa. Se sua empresa não fizer cafezinho, leve o seu Nescafé, esquente a água no microondas da empresa e faça seu próprio cafezinho. O autor David Bach ficou conhecido ao mostrar a uma jovem de 23 anos que, se ela economizasse o valor de um cafezinho por dia, ela teria mais de um milhão de dólares ao chegar na idade de 65 anos. No seu caso, pode não ser o cafezinho, mas talvez seja a garrafa de água, o picolé, o espetinho, a coxinha, etc. Um cafezinho por dia está roubando seu sonho de ser rico.

- quem é importante para você? Essas pessoas são as que você deve presentear. Aniversários, dia das mães, dia dos pais, etc. Planeje com antecedência. A cada mudança de estação – primavera, verão, outono, inverno – as lojas fazem liquidação. Compre seus presentes aproveitando as promoções de virada de estação. Por exemplo, eu sei que vou dar presentes de Natal para quatro crianças carentes. Assim que os materiais escolares entraram em promoção, comprei quatro jogos de lápis de cor, quatro estojos, quatro cadernos coloridos, etc. Comprei também uma camiseta para cada um e paguei 20% do valor da camiseta. Planeje com antecedência e gaste bem menos com presentes para seus entes queridos.

- faça os presentes você mesmo. Esse assunto daria outro livro, mas apenas use o Pinterest para ter idéias e economize.

- preste serviços como presentes – faça a maquiagem da sua amiga, lave o carro do seu pai, limpe a casa da sua mãe, etc. Se esses pequenos serviços parecem ser pouco, faça-os todo quinto dia de cada mês por um ano. Diga "Pai, meu presente é vir lavar seu carro no primeiro sábado de cada mês." Muitas pessoas do meu trabalho dão como presente o cookie do mês. A cada mês, a pessoa faz cookies em casa e leva uma caixa de cookies para o aniversariante. Seja criativo. Existe muitas idéias boas e baratas que você pode usar para presentear as pessoas que são importantes para você.

- viaje uma vez por ano ou uma vez a cada dois anos. Como opção para economizar, vá para a fazenda de um parente, visite um amigo que mora na praia, vá acampar ou vá conhecer a cidade vizinha. Procure promoções nas agências de viagem, no site da Groupon, etc. Como você pode gastar menos e divertir com a família?

- vá ao cinema na matinê quando o preço é mais barato. Coma em casa antes de ir ao cinema para que você não fique tentado a comprar a pipoca que é supercara! Não compre a pipoca. Leve uma balinha na bolsa e economize uma fortuna!

- você e seus filhos não precisam fazer todos os passeios possíveis no mesmo ano. Por exemplo, planeje levar as crianças ao circo quando elas tiverem 6 anos, levá-las ao zoológico quando elas tiverem 8 anos, levá-las a praia quando tiverem 10 anos, viajar de avião quando tiverem 12 anos, ir ao campo de futebol quando tiverem 15 anos, ir a um show de música ao vivo quando tiverem 16 anos, etc. Espere seus filhos crescerem e amadurecerem o suficiente para poderem aproveitar e lembrar do passeio que você vai proporcioná-los.

- ao invés de viajar em Julho e Dezembro, tente ir em outras datas quando os preços são mais acessíveis.

- procure passagens de avião na internet na segunda-feira ou terça-feira de manhã, pois nesses dias as empresas aéreas já processaram a demanda de passagens durante o fim de semana e oferecem descontos para espaços ainda disponíveis.

- pergunte aos seus avós como eles se divertiam e como presenteavam quando tinham sua idade. A experiência dos mais velhos pode nos dar boas idéias.

- o que mais você pode fazer para economizar com presentes e diversão? Seja criativo e comece hoje mesmo.

Economizando no Supermercado

- vá ao supermercado duas vezes ao mês, no máximo. Quanto mais você vai ao supermercado, mais você gasta.

- sempre tenha uma lista quando for ao supermercado. Compre apenas os ítens que estão na lista de compras.

- se possível, vá a feira para comprar frutas e verduras. Muitas vezes os preços são mais baratos (porque você está comprando direto do produtor) e os produtos tem menos agrotóxicos (o que ajuda a economizar com os gastos de saúde).

- leve dinheiro para pagar pelas compras ao invés de pagar com cartão. O uso do cartão de crédito facilita o gasto com produtos desnecessários no supermercado. Se você sabe que tem cem reais para gastar, esse é o seu limite e você vai controlar melhor seus gastos no supermercado.

- vá a outro supermercado que ofereça menos luxo e melhores preços.

- nunca vá ao supermercado de estômago vazio. Faça uma refeição em casa, pegue sua lista e só então vá às compras. Pesquisas revelam que gastamos muito mais quando fazemos compras com fome.

- se possível, não leve as crianças no supermercado com você. Pesquisas também revelam que gastamos muito mais quando nossos filhos vão às compras conosco, pois é difícil para nós dizer não aos pequenos quando pedem algo que não está incluído na lista de compras.

- no supermercado, os produtos mais caros estão ao nível dos seus olhos. Os mais baratos, geralmente estão na prateleira mais alta ou mais baixa. Verifique e compare os preços.

- experimente a marca genérica dos produtos industrializados. Muitas vezes, os dois produtos são feitos na mesma fábrica – a única diferença é a embalagem.

- compre as frutas e verduras que estão em promoção. Consuma as frutas e verduras da época, pois elas custam mais barato. Frutas e verduras fora da estação custam mais caro e não são tão saborosas.

- tenha uma hortinha em casa, ainda que seja só para ervas como hortelã, cebolinha, salsinha, couve, etc. Ter uma hortinha economiza dinheiro e ensina as crianças de onde vem os alimentos.

- recuse-se a desperdiçar alimentos. Se o pãozinho francês não está mais crocante, faça uma torradinha. Se a banana ficou madura demais, faça um bolo com ela. Se tem restinhos de verduras na geladeira, faça uma sopa ou torta de legumes.

- beba água ao invés de refrigerante ou suco. O açúcar desses dois produtos contribui para sobrepeso, causando doenças e problemas de saúde. Ao invés de suco, consuma a fruta. Ao invés de refrigerante, beba água.

- quando cozinhar, faça uma porção para comer e uma para congelar. Assim, você economiza seu tempo e o consumo do gás. Nos dias em que você não quiser ou não puder cozinhar, você não precisa gastar dinheiro no restaurante – é só descongelar, comer e poupar.

- ao invés de iogurte, use a coalhada síria. Misture geleias, mel e canela, suco concentrado, etc. Além de ser mais saudável, o dobro de coalhada síria custa uma fração do preço do iogurte.

- faça um rodízio no seu cardápio para incluir produtos mais baratos. Por exemplo, se o preço da carne de vaca estiver muito alto, coma frango, peixe ou omelete. Substitua o consumo do produto mais caro por produtos com preços mais acessíveis.

- quando você receber a família ou os amigos para o almoço, peça para que cada pessoa traga um prato do cardápio. Assim, não pesa no seu orçamento nem no deles.

- verifique o preço pela unidade de consumo. Se o preço da quinoa de um quilo é 49,00 reais e o de duzentos e cinquenta gramas é 11,70 reais, qual é o mais barato por cada grama? Sempre leve uma calculadora com você, pois embalagem maior nem sempre significa preço menor.

- o que mais você pode fazer para economizar nos gastos de supermercado e alimentação? Seja criativo e comece hoje mesmo.

Economize com Produtos de Limpeza e Higiene

- use a quantidade certa dos produtos de higiene e limpeza para evitar disperdícios. Ensine seus filhos a fazer o mesmo.

- prefira os produtos de limpeza simples tais como sabão, vinagre, álcool, limão, esponja, bombril, etc. Esses produtos são mais baratos e limpam melhor do que os produtos de marca que são mais caros e nocivos para sua saúde.

- para previnir que o bombril enferruje, coloque-o dentro de um potinho com água sem deixar espaço para o ar que é o que faz o bombril oxidar. Assim, a palha de aço pode ser usada mais vezes antes de você precisar de outra e isso é economia.

- prefira os produtos de higiene nacionais ao invés dos importados. A tecnologia dos produtos importados pode ser melhor, mas não justifica o preço tão elevado.

- use o shampoo, o condicionador, o gel, o creme, o perfume, e outros produtos de higiene e maquiagem até o fim. Recuse-se a comprar mais produtos antes de terminar o que você está usando.

- use pano de limpeza ao invés de toalhas de papel. Além de ser melhor para a natureza, também é melhor para seu bolso. Eu uso as camisetas velhas e furadas dos meus filhos para limpar minha casa.

- use as sacolinhas do supermercado como saco de lixo. Isso funciona muito bem para o lixo da cozinha, do banheiro, etc.

- mais uma vez, pergunte aos mais velhos quais produtos eles usavam para limpar a casa. Aprenda as boas dicas e as coloque em prática.

- o que mais você pode fazer para economizar com produtos de limpeza e higiene? Seja criativo e comece hoje mesmo.

Vestindo Bem Sem Esvaziar o Bolso

- cuide bem das roupas que você tem. Minha mãe me ensinou a ter roupas novas "para sair" e roupas "para ficar em casa". Toda vez que chegávamos em casa de uma festinha ou da igreja, trocávamos a roupa de passear e colocávamos uma roupa de ficar em casa. Dessa forma, nossas roupas novas duravam mais tempo, pois não precisávamos lavá-las com frequencia.

- lave as roupas novas do lado avesso. Lave-as manualmente para que a máquina não as estrague. Dá mais trabalho, mas vale a pena não ter que gastar seu suado dinheirinho com roupas novas.

- compre roupas novas no final da estação. Recentemente, comprei um sapato de verão no final da estação e paguei um terço do preço.

- compre roupas que são peças chaves e que podem ser combinadas de várias formas com outras roupas ou acessórios. Você não precisa ter muitas roupas para ter muitas opções. Por exemplo, se você tem duas calças, cinco camisas, dois shorts e dois sapatos você terá 40 combinações diferentes!

- encontre na internet conselhos de quais peças chaves devem fazer parte do guarda roupa feminino e masculino.

- se é muito importante pra você estar "na moda", use acessórios das cores da estação. Compre um vestido preto e use colares, pulseiras, cintos, etc. nas cores da estação. Essa é uma alternativa melhor do que comprar um vestido azul turquesa que estará fora de moda no ano que vem.

- os homens devem comprar camisas lisas e usar acessórios tais como gravata, lenço de bolso, colete, etc. nas cores da moda.

- cuide bem dos seus sapatos. Lave os tênis. Engraxe o sapato. Se o sapato estragou, peça para o sapateiro consertar se for possível. Trocar o salto de um sapato é bem mais barato do que comprar um sapato novo (e você ainda dá emprego para o sapateiro!)

- considere quantas roupas e sapatos você tem e quantos você precisa. Tire do seu guarda roupas todas as peças que você não usou no último ano. Falaremos sobre o que fazer com essas roupas na parte dois, A Arte de Ganhar.

- não compre roupas de grife, ou "de marca". Você pagará muito mais por um produto Nike do que por um produto Adidas, por exemplo. Mas a qualidade do produto é provavelmente a mesma! Marca não significa nada, especialmente no Brasil onde tem tantas falsificações. Prefira o dinheiro no seu bolso ao invés de no bolso do dono de grifes famosas.

- lembre-se que menos é mais. Mesmo que você tenha uma montanha de roupas, poucas são as suas roupas preferidas – aquelas que você veste com frequência e se sente bem dentro delas. Essas são suas roupas de sucesso. Sabendo disso, compre apenas aquelas roupas que você absolutamente ama! Faça o seguinte: a próxima vez que você experimentar uma roupa, pergunte-se "eu amei essa roupa em mim?" Se a resposta for "amei!!!", compre. Senão, não.

- daqui a pouco vamos falar sobre o princípio do custo zero. Esse princípio vai ajudar muito nessa área de vestir bem sem esvaziar o bolso. Mas por enquanto, pergunte-se "o que mais posso fazer para me vestir bem sem esvaziar meu bolso?" Seja criativo e...(você já sabe o fim dessa frase ☺)

Economizando com Despesas de Saúde

A melhor maneira de economizar com despesas de saúde é cuidar bem da saúde que você tem. Esse é um assunto que levo bem a sério, pois um dos meus objetivos é viver até os 90 anos. Mas quero chegar até lá com saúde física e mental. E você, qual é a sua meta? Até que idade você quer viver?

Vamos cuidar bem da nossa saúde para alcançar nossa meta de aniversários e preservar nosso bolso.

- faça um check-up anual. Quer seja no seu médico particular ou pelo sistema de saúde pública, coloque no seu calendário e faça uma revisão anual da sua saúde.

- faça exercícios diariamente. Sim, diariamente.

- saiba qual é o peso ideal para sua altura e sua idade. Perca os quilos que são sobrepeso para evitar ter ataque cardíaco, pressão alta, colesterol elevado, etc. Dessa forma, o dinheiro que você gastaria com remédios para aliviar esses problemas pode ser usado para outros fins.

- informe-se sobre o que acontece com suas células quando você come o que é saudável e o que não é. Sanduíches, refrigerantes, bolos, doces, etc. nada disso realmente fortifica suas células para combater doenças e preservar sua saúde. Informe-se e mude seus hábitos para uma vida mais saudável.

- prefira os remédios genéricos do que os remédios de laboratórios famosos.

- não vá ao médico se você tem apenas uma gripe, dor de garganta, dor muscular, etc. Aprenda a reconhecer os sinais do seu corpo e cuidar dos sintomas de doenças amenas e rotineiras.

- tente reduzir o estresse na sua vida. Como? A primeira coisa é fazer exercicíos diariamente (sim, diariamente), segunda é controlar sua reação aos problemas do dia-a-dia e a terceira é se divertir.

- pare de fumar, de beber e de usar drogas mesmo que sejam "só recreativas". Sua vida é preciosa e esses vícios destroem seu corpo, sua mente e seu futuro.

- durma o tanto necessário todos os dias. Pessoas que não descansam o corpo e a mente têm maior risco de acidentes.

- escove os dentes depois das refeições para evitar gastos no dentista

- beba água - o tanto necessário para que seu xixi seja quase transparente, pois isso significa que seu corpo não está acumulando toxinas. Corpo limpinho por dentro ajuda na boa saúde. Boa saúde ajuda seu bolso.

Economizando com Despesas de Educação

Vivemos na era da informação onde podemos aprender praticamente tudo o que queremos. Você sabia que você pode fazer um curso de negócios ensinado por um professor da Universidade do Michigan nos Estados Unidos? E você sabia que pode fazer esse curso via internet e em português? É verdade. Visite www.coursera.org e digite "portugues" na janelinha de procura.

Hoje em dia não temos desculpas para sermos ignorantes a respeito de qualquer assunto. A pergunta fundamental é "vou gastar meu tempo no que vai acrescentar meus conhecimentos e habilidades ou vou assitir novela?"

Ler é outra forma de aprender. Isso você já sabe, pois está lendo esse livro. Mas não pare por aqui. Continue lendo outros livros que vão ajudá-lo a alcançar seus objetivos.

Aqui vão algumas sugestões para economizar na educação – tanto sua quanto a de seus filhos.

- aprenda inglês para aprender ainda mais. O volume de informação em inglês disponível na internet é bem maior do que o volume de informação em português. A qualidade da informação também é melhor, pois nas culturas de língua inglesa a leitura de bons livros e o acesso à informação tem sido prioridade desde de muitos e muitos anos atrás. Esse fato é confirmado no número de bibliotecas públicas e na alta qualidade das mesmas, onde todos os recursos podem ser usados gratuitamente. Tenho esperança que aos poucos, chegaremos lá.

- tutorial no youtube. Vamos dizer que seu filho de 13 anos quer realmente aprender a tocar guitarra. Antes de gastar com um instrumento novo, compre um usado. Antes de contratar um professor, selecione aulas no Youtube que ele possa aprender o básico.

- use as promoções da Amazon. De tempos em tempos a Amazon faz promoção de livros para ler e para ouvir – os chamados livros em áudio. Se você é cliente de primeira viagem, a Amazon até oferece esses recursos gratuitamente.

- seus filhos precisam de professor particular? Invista seu tempo e ensine-os você mesmo. Esse investimento nos seus filhos vai solidificar o relacionamento entre vocês. Essa não é uma opção boa? Então procure um parente ou amigo que possa ajudá-lo. O primo de está no sétimo ano consegue ajudar o primo que está no quinto ano a aprender a matemática – e o primo professor vai custar mais barato do que pagar um tutor adulto.

Economizando no Transporte

O preço da gasolina e os gastos com a manutenção do carro podem pesar no orçamento. Aqui vão algumas dicas em como economizar com esses gastos.

- organize um grupo de colegas de trabalho que morem na mesma região que você para ir e vir do trabalho. Nesse acordo, um colega é responsável por dirigir naquela semana e é feito um rodízio. Dessa forma, você vai dirigir para o trabalho apenas uma semana por mês.

- se possível, trabalhe de casa um dia por semana. Muitos profissionais de informática não precisam estar presentes fisicamente para realizarem seu trabaho. Trabalhar de casa ajuda a economizar.

- vá de ônibus para o trabalho uma semana por mês.

- se for possível, vá caminhando para o trabalho ou vá de bicicleta. Essa é uma boa maneira de incluir exercícios no seu dia a dia.

- comece o dia de trabalho uma hora mais cedo para que você não fique preso no trânsito e engarrafamento gastando gasolina, tempo e paciência

- cuide bem do seu carro para que ele consuma menos gasolina e menos óleo de motor. Leve seu carro ao seu mecânico de confiança uma vez por ano para verificar a aceleração, etc.

- outro motivo para cuidar bem do seu carro é para que este mantenha o seu valor. Os carros bem cuidados e bem conservados são vendidos por um valor melhor e isso ajuda muito quando você quiser trocar de veículo.

- dirija devagar. O frequente 'acelerar e frear' gasta mais gasolina, mais pneu e mais pastilhas de freio.

- se possível, não use o ar condicionado e o piloto automático com muita frequência. Essas funções são ótimas, mas ajudam a esvaziar o tanque do seu carro mais rápido.

- abasteça seu carro pela manhã. De acordo com o professor Luciano Calaça, quanto mais fria a gasolina, maior sua densidade. Por exemplo, um carro abastecido com 50 litros de gasolina a 20 °C, sendo dirigido no sol durante o dia, no fim do dia a uma temperatura de 35 °C, terá o volume de gasolina aumentado em 0,9 litros. Mas tome cuidado, não vá encher muito o tanque do seu carro, pois está correndo o risco do combustível transbordar. (a física também ajuda você a economizar dinheiro ☺)

- retire do seu carro todo peso desnecessário, pois o carro mais leve consome menos combustível. Limpe o porta malas, porta-luvas, etc.

- outro gasto que pode pesar no orçamento é o estacionamento. Tente negociar um preço mais barato. Ofereça pagar pelo estacionamento semanalmente ou mensalmente.

- se você vai a um show, tente chegar mais cedo para pegar um bom lugar para estacionar.

- outra boa opção quando você vai a eventos tais como shows, cinema, etc. é contratar um Uber que seja da sua confiança. Considere o preço da gasolina, o preço do estacionamento, a tranquilidade de não se preocupar se o carro será roubado/danificado e a comodidade de ter alguém dirigindo para você. Vá de Uber se valer a pena e lembre-se de que você pode dividir o preço do Uber com três outras pessoas.

- vale a pena ter um carro? A resposta a essa pergunta varia de pessoa para pessoa. Contabilize suas despesas totais com seu carro e veja se não é melhor morar mais próximo do seu trabalho do que manter um carro que pesa tanto em suas despesas.

- ter uma moto é uma opção melhor? Hoje em dia, nos lugares de clima quente, muitas pessoas preferem ter uma moto do que um carro. Cabe a você decidir se essa é uma opção boa para sua realidade, sua segurança e sua família.

- o que mais você pode fazer para economizar com transporte? Seja criativo e comece hoje mesmo.

Evitando Gastos

Uma das melhores coisas que você pode fazer para evitar gastos é cuidar das coisas que você já tem. Quer seja seu carro, suas roupas ou seus eletrodomésticos, é importante cuidar bem dos seus pertences para que você não precise substituí-los. Esse é o princípio da manutenção preventiva.

Empresas que investem em grandes equipamentos sempre têm um plano de manutenção preventiva, pois eles sabem que custa mais para consertar e trocar o equipamento do que para manter e prevenir problemas no mesmo.

Você é uma mini empresa. E você tem pertences valiosos tais como sua saúde, sua casa, sua geladeira, televisão, fogão, etc. Assim como uma empresa, você também deve ter um plano de manutenção preventiva.

Crie um calendário para cuidar de você e dos seus pertences. Veja o exemplo abaixo. Lembre-se que muitas dessas atividades podem ser feitas por você mesmo. Procure e aprenda na internet como fazê-las.

- **uma vez por ano, você deve**: fazer seu check up de saúde, levar seu carro para um check up, verificar se a casa precisa de pintura nova, verificar o telhado, limpar as calhas do telhado, lubrificar o portão da garagem e as portas da casa, limpar o chuveiro para a água sair livremente, detetizar a casa, etc.

- **uma vez a cada seis meses, você deve**: limpar paredes, limpar portas, limpar armários, limpar o ar condicionado, limpar a poeira atrás da geladeira, engraxar seus sapatos, verificar as roupas que você não usa mais, verificar torneiras, passar produto nos móveis de madeira, etc.

- **uma vez por mês, você deve**: limpar a geladeira, limpar o fogão e o forno, limpar o ventilador, lavar o carro, verificar e trocar lâmpadas queimadas, colocar produto que ajuda a prevenir cano entupido, limpar as janelas, tirar teias de aranha, jogar fora remédios e alimentos passados da data de validade, etc.

- **uma vez por semana, você deve**: lavar as roupas de cama, higienizar banheiros, limpar a cozinha, organizar a casa, tirar o pó, ler um livro, verificar quantos quilos você está pesando, aprender novas habilidades, fazer algo para se divertir, etc.

Um cronograma de manutenção preventiva ajudará você a economizar. Mas, e quando algo estragar? Minha dica é tentar consertar antes de gastar.

Ainda me lembro da minha mãe sentada à mesa de jantar com o ferro de passar roupas e a caixa de ferramentas. Nosso ferro não estava esquentando, então ela resolveu que iria tentar consertá-lo. Ela abriu o ferro e viu que o fio estava quebrado. Então, com suas ferramentas, consertou a conexão do fio e o ferro voltou a funcionar como antes. Um problema bem simples de resolver! E isso tudo aconteceu na época em que não existia Youtube para aprender como fazer.

Quando seus pertences estragarem, tente primeiro consertá-los antes de decidir comprar um novo.

Recentemente meu liquidificador estragou. O motor simplesmente não funcionava. Resolvi levá-lo para consertar antes de comprar outro. Qual não foi minha surpresa em saber que o liquidificador não estava estragado! O problema era que eu não sabia encaixar o copo como deveria e por isso ele não ligava. Minha economia foi de 200 reais!

Muitas vezes somos rápidos para descartar relógios, secadores de cabelo, sapatos, bolsas, roupas e pequenos eletrodomésticos ao invés de tentar consertá-los. Não tenha pressa de substituir esses ítens. Mas se você verificar que eles realmente não tem conserto, use o princípio do custo zero.

Esse é o nosso próximo assunto na arte de poupar.

O Princípio do Custo Zero

Esse princípio é simples e vai aguçar sua criatividade para poupar. O princípio do custo zero funciona assim: toda vez que você precisar comprar algo, a primeira pergunta que você deve fazer a si mesmo é "como posso resolver isso com custo zero?"

O objetivo é que você pense em alternativas para gastar bem pouco ou nada. O objetivo é manter o seu dinheiro no seu bolso.

Aqui vai um bom exemplo para ilustrar. Vamos supor que você precisa comprar um tênis novo. Como você pode solucionar essa necessidade com custo zero?

O autor Tony Robbins ensina que é preciso fazer a pergunta certa para que sua mente lhe dê respostas que você pode colocar em prática. Quando você se pergunta "como posso resolver essa necessidade com custo zero?", preste atenção como sua mente vai gerar respostas que vão ajudá-lo a poupar.

Aqui vão algumas sugestões para resolver sua necessidade de um tênis novo sem gastar dinheiro:

- pergunte sua família e amigos se algum deles tem um tênis que não usam e podem doar para você. Pergunte também aos seus colegas de trabalho. Quanto mais pessoas procurando um tênis para você, maior as possibilidades de sucesso

- se ganhar o tênis de graça não é uma opção, tente trocar o tênis por um outro ítem que você não usa

- peça o tênis como presente de aniversário

- mande um email para o fabricante e ofereça para promover a marca deles se eles te enviarem um tênis de presente. Seja criativo, explique o que você vai fazer e como essas atividades vão gerar mais vendas para o fabricante

- procure promoções, cupons, etc. para comprar seu tênis

- verifique se vale a pena comprar um tênis semi-novo no ebay.com.br **ou no** olx.com.br

- você realmente precisa de um tênis novo? Você poderia usar um dos seus outros sapatos ou tem que ser um tênis?

- o que mais você pode fazer para conseguir um tênis gastando nada ou quase nada?

É assim que funciona o princípio do custo zero. Cada necessidade é vista como uma oportunidade para economizar.

Pense e Repense Cada Compra

Para tornar-se perito na arte de poupar é preciso desenvolver o hábito de pensar e repensar a necessidade de cada gasto, de cada compra. Com o tempo, esse processo de pensar e repensar cada compra vai se tornar automático.

Pergunte a si mesmo: Eu preciso desse produto? O que acontecerá se eu não comprar esse produto? Qual seria uma outra opção ao invés de comprar esse produto? Existe um produto mais barato? Se eu comprar esse produto, vou estar mais perto ou mais longe do meu objetivo de ser rico? Como posso conseguir esse produto com custo zero?

Recentemente planejei uma festinha na minha casa para doze amigos. Combinamos que cada pessoa traria um prato para nosso jantar. Mas eu tinha um problema: minha mesa de jantar só cabe 6 pessoas.

Querendo ser a anfitriã perfeita, comecei a pensar numa solução para conseguir sentar todos meus convidados. Eu tenho banquinhos que posso usar para sentar meus convidados, mas não tenho uma mesa que cabe todos ao redor. A princípio, não consegui resolver meu problema com custo zero. Então comecei a pensar em soluções baratas para montar uma mesa.

Procurei na internet soluções viáveis e baratas. Olhei o preço da madeira. Pensei e repensei. Pensei e repensei. Encontrei uma solução barata e estava disposta a fazer uma mesa temporária para sentar meus convidados. Mas tinha um problema. Mesmo encontrando uma solução barata, eu não estava contente, pois eu queria resolver meu problema com custo zero. E além do mais, o que eu iria fazer com essa mesa depois?

Comecei o processo de novo e me perguntei: como posso resolver esse problema com custo zero? como posso resolver esse problema com custo zero? E a solução apareceu. Lembrei que no meu quintal tenho uma mesa. Coma ajuda do meu filho, eu trouxe a mesa para sala e coloquei perto da minha mesa de jantar. A mesa do quintal era exatamente da mesma largura e da mesma altura da minha mesa de jantar! Ficou simplesmente perfeito para sentar todos os meus doze convidados! Consegui solucionar meu problema com custo zero! Fiquei super, super feliz!

O processo funciona. Pense e repense cada gasto, cada compra. E fique perito na arte de poupar.

Nunca Compre a Prestação

Para acumular riqueza é importante comprar à vista e não pagar os juros que são cobrados quando compramos a prestação. É importante ter a disciplina de juntar o dinheiro para comprar o ítem que você precisa ao invés de fazer dívida para pagar a prestação, pagando juros.

Existem outros problemas com a prática de fazer financiamentos para comprar produtos de consumo. Considere os seguintes aspectos.

- você sabe se vai ter seu emprego amanhã? Então por que gastar hoje o dinheiro que você ainda não ganhou? Caso algo aconteça e você perca seu emprego, você terá dívidas, preocupações e estresse que poderiam ter sido evitados.

- você sabe se vai ter uma emergência amanhã? Então por que fazer tantas dívidas ao ponto de não ter dinheiro sobrando no fim do mês para acudir à pequenas emergências tais como; se o seu carro estragar, se a geladeira pifar, etc.

- você sempre tem que dizer "SIM" a si mesmo? Aprender a juntar o dinheiro primeiro para poder comprar sem fazer financiamento é uma disciplina crucial de quem quer ter independência financeira. Esse autocontrole é o que faz você decidir a evitar os gastos que vão colocá-lo longe do seu objetivo.

Considere financiamentos apenas para compras de bens grandes como sua casa. Para tudo mais, tenha a disciplina de poupar primeiro para poder comprar à vista.

Viva com Frugalidade

Uma das coisas mais importantes que você pode fazer para acumular riqueza é viver com frugalidade.

Viver com frugalidade significa viver com simplicidade, com sobriedade de hábitos e costumes. Significa ser econômico no uso dos recursos, evitando o esbanjamento, os gastos extravagantes e o disperdício.

Viver com frugalidade significa não se deixar convencer pelas propagandas de marketing que tem apenas um objetivo - convencer a mim e a você de que precisamos desse ou aquele produto para sermos felizes, para termos sucesso, para sermos importantes na sociedade.

As pessoas que vivem com frugalidade entendem que todas as pessoas são importantes e merecem respeito - não só aquelas que têm riqueza ou a aparência de riqueza. As pessoas que vivem com frugalidade entendem que as coisas que o dinheiro não pode comprar são mais importantes do que aquelas com o preço caro.

As pessoas que escolhem viver com frugalidade entendem que podem vestir bem, comer bem, passear, presentear, viajar e ter experiências incríveis sem sair do orçamento. As pessoas que escolhem viver com frugalidade entendem que só porque elas podem comprar o carro do ano, não quer dizer que elas devem fazê-lo.

Para se tornar perito na arte de poupar é importante aprender a viver com frugalidade. Aqui vai um exemplo para ilustrar como é viver com frugalidade.

Vamos dizer que você precisa de um relógio. Você tem duas opções – um relógio de marca que custa 600 reais e um relógio tão bom quanto o de marca que custa 150 reais. Qual do dois relógios você compraria?

A resposta certa é nenhum. A resposta certa é: como posso resolver essa necessidade com custo zero, lembra? Alguém que é perito na arte de poupar pensa e repensa cada compra, usa o princípio do custo zero para economizar, decide usar o relógio do telefone celular e guarda os 150 reais que gastaria no relógio para acumular riqueza.

E se a sua meta for de ter dinheiro o suficiente para comprar o que você quiser? Ter tanto dinheiro que você nunca precisa repensar cada compra? Ter tanto dinheiro ao ponto de poder comprar tudo o que você quer, seja um relógio, um carro, um avião?

Se sua meta é ter dinheiro suficiente para que você não precise dizer "não" a si mesmo, cuidado. Essa meta é egoísta e traidora. Egoísta porque faz você fixar os olhos apenas nas coisas que o dinheiro pode comprar. Traidora porque mesmo que você a alcance, ela deixará você vazio.

O melhor exemplo é o de pais que gastam a maioria do seu tempo trabalhando para dar tudo de melhor aos filhos e por isso não encontram tempo para desfrutar dos pequenos. Quando adultos, os filhos valorizam a conta bancária dos pais e não o relacionamento com os mesmos.

No meu livro, *5 Passos Essenciais Para Ficar Rico*, faço referência ao que aprendi com o autor Zig Ziglar: dinheiro pode comprar uma casa, mas não lhe garante um lar. Dinheiro pode comprar um cônjuge, mas não um companheiro. Dinheiro pode comprar uma cama aconchegante, mas não lhe garante uma boa noite de sono. Dinheiro pode comprar um lindo relógio, mas não pode comprar tempo. Por isso, saiba ser agradecido por todas as coisas boas da vida que o dinheiro não pode comprar.

Viva com frugalidade, mantendo um padrão de simplicidade mesmo quando você passar a ganhar mais. Ao mesmo tempo, viva uma vida equilibrada entre as coisas boas que o dinheiro pode comprar e as coisas importantes que ele nunca poderá lhe proporcionar.

Coloque em prática essas sugestões e você será bem sucedido na arte de poupar.

Parte 2 - A Arte de Ganhar

No livro *Os 7 Hábitos das Pessoas Altamente Eficazes*, o autor Stefan Covey explica que você é o seu maior patrimônio.

Suas habilidades, sua inteligência, sua criatividade, seu caráter, sua disciplina, seu profissionalismo e todas as qualidades que você possui hoje, contribuem para sua capacidade de ganhar.

Algumas coisas são impossíveis de ganhar de novamente. Um bom exemplo é o tempo. O tempo, uma vez desperdiçado, não pode ser recuperado. Mas o dinheiro não é assim.

Vamos supor que você perdeu todo seu dinheiro hoje. Vamos supor que algo fora do seu controle aconteceu e que você perdeu todos os seus recursos financeiros. Esse fato não é uma tragédia tão grande quanto parece, pois usando suas habilidades você pode trabalhar e ganhar todo o dinheiro de volta - e talvez até mais!

É por causa da capacidade de ganhar que empreendedores que perdem todo seu dinheiro tentando realizar uma ideia de negócios, conseguem se reerguerem para tentar de novo. A capacidade de ganhar é o seu maior patrimônio e sua arma secreta.

Na parte 2 desse livro, vamos conversar sobre duas coisas que você pode fazer para se tornar perito na arte de ganhar.

1. Desenvolver suas habilidades profissionais.
2. Aproveitar as oportunidades que estão ao seu alcance.

Vamos lá.

Desenvolva Suas Habilidades Profissionais

Habilidades Atuais

Vamos fazer o seguinte exercício. Anote em um caderno tudo o que você sabe fazer. Desde a habilidade mais simples à mais complexa. Comece com habilidades simples relacionadas às tarefas do dia-a-dia tais como ler, escrever, comunicar, comprar, pagar, dirigir, cozinhar, limpar, etc.

Adicione também as habilidades mais complexas relacionadas ao seu trabalho tais como usar o computador, excel, word, photoshop, programar, fazer uma apresentação, atender ao público, cuidar de crianças, cuidar de doentes, dar aula, fazer cirurgia, fazer a parte contábil de uma empresa, vender, fazer balanço de estoque, organizar horário de funcionários, gerenciar um time, administrar um negócio, etc. etc.

Quanto mais habilidades você colocar na sua lista, melhor. Para lembrar de todas as habilidades que você possui, pense no seu primeiro emprego, nos projetos de faculdade, nos trabalhos de escola, nas tarefas que você desempenha no dia-a-dia.

Essa lista é importante, confie em mim. Continue sua leitura só depois que sua lista estiver pronta. Pare aqui e complete esse exercício.

Agora que sua lista está pronta, se mais tarde você lembrar de uma outra habilidade, adicione à lista, combinado? Vamos em frente.

Por que esse exercício é tão importante? Porque suas habilidades representam sua capacidade de ganhar.

Cada habilidade é uma porta para uma oportunidade de trabalho ou carreira. Por exemplo, saber dirigir abre para você várias oportunidades de trabalho tais como taxista, motorista do Uber, motorista particular, instrutor de auto-escola, estacionamento valet, etc.

Ser engenheiro abre para você oportunidades de trabalho tais como professor de faculdade, construtor, consultor de engenharia, auditor de obras, etc.

Muitas vezes colocamos mais ênfase na crise, na perda do emprego e na situação econômica do país que esquecemos as inúmeras habilidades que temos!

Leia de novo sua lista. Escreva ao lado de cada habilidade três oportunidades de trabalho que cada uma delas pode te proporcionar.

Você está usando suas habilidades para ajudá-lo alcançar sua liberdade financeira? Ou está deixando-as de lado sem aproveitar as oportunidades que elas representam?

Meu objetivo é que você reconheça e valorize cada uma das suas habilidades. Meu objetivo é que você veja com clareza que cada uma delas apresenta oportunidades para trabalhos e carreiras profissionais. Meu objetivo é que você use-as para ganhar dinheiro e alcançar sua independência financeira. Continuemos.

Habilidades Futuras

No livro, *Reinventando Seu Próprio Sucesso*, o autor Marshal Goldsmith fala que suas habilidades atuais não levará você ao sucesso futuro. Outra maneira de dizer a mesma coisa é que para continuar seu sucesso profissional você precisa aprender novas habilidades. Essas novas habilidades vão abrir oportunidades para que você alcance um emprego melhor, consequentemente aumentando sua capacidade de ganhar.

Existe um ciclo profissional que funciona assim: você consegue um emprego/cargo novo e a princípio não sabe desempenhar com excelência todas as tarefas do seu cargo. Com o passar do tempo, você ganha conhecimento e experiência e vai aprendendo a cumprir com eficiência as tarefas que são de sua responsabilidade. Se você é uma pessoa proativa, você até coloca em prática melhorias na maneira de executar o trabalho.

Daí, um ano se passa e você já está perito no seu cargo. E agora, o que você faz? Você se acomoda e continua no mesmo emprego (e com o mesmo salário) ou aproveita as novas habilidade que aprendeu para começar a procurar algo melhor?

Todo profissional deve ter um plano para mudar para um emprego melhor, assim que não existir algo novo para aprender no emprego atual. Uma vez que você é perito no que faz, comece a pensar no seu próximo emprego, pois suas habilidades de hoje não levarão você ao sucesso futuro.

Muitas vezes ficamos esperando que nosso chefe nos ofereça um cargo melhor. Muitas vezes temos medo de arriscar sair de um cargo onde sabemos tudo, para outro onde vamos ter o que aprender. Esse é um grande erro porque, quer você seja um administrador ou uma ajudante doméstica, desenvolver novas habilidades é primordial para crescer profissionalmente e aumentar sua capacidade de ganhar.

Existem dois tipos de trabalhadores. Aqueles que trabalham para o patrão e aqueles que trabalham para si mesmos. Deixe-me explicar.

Eu fui contratada pela minha empresa para desempenhar certas funções de recursos humanos que são da responsabilidade do cargo que eu ocupo. No entanto, eu não me vejo como funcionária da empresa, mas sim como profissional autônoma que trabalha para si mesma.

A grande diferença é que eu estou no controle. Eu estou no controle da qualidade do meu trabalho e do desenvolvimento das minhas habilidades. Eu estou no controle da minha carreira. Como?

Eu cumpro minhas responsabilidades da melhor maneira possível, como se a empresa fosse minha e os recursos da empresa fossem meus. Porém, eu também entendo que a liderança da empresa tem como prioridade os interesses da empresa. E eu – à medida que cumpro minhas responsabilidades como funcionária com excelência – tenho como prioridade a minha carreira.

Sendo assim, ao mesmo tempo que faço meu trabalho com excelência, tomo a iniciativa de aprender novas habilidades que vão me preparar para o meu próximo cargo.

Foi com essa mentalidade que subi de cargo cinco vezes dentro da mesma empresa nos últimos dez anos. Em cada novo cargo, desenvolvi minhas habilidades e me tornei uma profissional mais capaz e mais eficiente. Hoje, tenho habilidades nas áreas de recursos humanos, marketing, informática, treinamento, logística, etc.

Você pode fazer o mesmo. Aproveite cada dia de trabalho para aprender algo novo.

Por exemplo, se você trabalha em um restaurante, aproveite a oportunidade para aprender como administrar uma empresa. Tenha a iniciativa de aprender sobre os fornecedores, sobre qual tipo de cardápio dá mais lucro, sobre a taxa que o restaurante paga para os cartões de crédito, sobre o número de funcionários necessários na cozinha, sobre os padrões da saúde sanitária, etc.

Se você trabalha como professor, saiba o que é preciso para administrar a escola, para fazê-la desejável ao público, para satisfazer os pais, para cortar gastos, para manter o patrimônio da mesma, etc.

Aprimore suas habilidades atuais e seja um profissional excelente. Quando seu desempenho no cargo atual estiver nota dez, decida qual será seu próximo emprego e aprenda algo novo todos os dias para se preparar para um emprego melhor.

Quando você encontrar uma nova oportunidade de emprego, você tem três opções. Você pode pedir um aumento para permanecer no cargo atual, pedir para exercer outro cargo na mesma empresa ou aceitar o novo emprego.

Faça as coisas nessa sequência. Primeiro, desempenhe o trabalho atual de maneira excelente. Segundo, aprenda habilidades que vão capacitá-lo para um emprego melhor. Terceiro, procure e encontre uma nova oportunidade de emprego. Quarto, decida se você prefere receber um aumento para permanecer no mesmo cargo, mudar para um cargo melhor na mesma empresa ou ir para o novo emprego. Tome sua decisão e vá em frente.

Comemore sua conquista, mas não se acomode com o sucesso presente. Comece esse processo de novo, sempre aprendendo novas habilidades, pois elas vão garantir a continuação do seu sucesso.

Oportunidades Ao Seu Alcance

O autor Dave Ramsey conta vários exemplos de pessoas que usaram as oportunidades disponíveis para alcançarem a independência financeira.

Ele conta sobre uma mãe que resolveu usar suas habilidades para cuidar de crianças em sua casa enquanto seu próprio filho era pequeno. Assim, ela não só garantiu amiguinhos para seu filho como também ganhou dinheiro fazendo o que gostava.

Ele também conta sobre um jovem que resolveu fazer serviços de jardinagem nos fins de semana, sobre uma universitária que prestava serviços para cuidar de animais de estimação e sobre uma mulher que fazia bolos para eventos empresariais.

Essas pessoas usaram a criatividade e se tornaram peritos na arte de ganhar. Você pode fazer o mesmo usando suas habilidades atuais e sua criatividade. Esse é o assunto deste capítulo.

Venda o que você não gosta ou o que não usa

Recentemente visitei a casa de um parente que me convidou para ver as benfeitorias que fez no seu imóvel. Por causa disso, entrei em todos os cômodos da casa, incluindo o quarto onde ele guardava coisas que não usava mais. No quarto tinha duas bicicletas, varas de pescar, roupas, sapatos, materiais elétricos, eletrodomésticos, etc.

Verifique as coisas você tem no seu guarda-roupas, no seu quarto e na sua casa. Existem coisas que você não gosta ou não usa mais? A autora Sandra Felton diz que se um ítem não foi usado nos últimos doze meses, isso signfica que você não gosta desse ítem. Minha sugestão é para que você transforme esses ítens em recursos financeiros.

Recentemente li o livro *A Mágica da Arrumação* pela autora Marie Kondo. Essa autora ajuda pessoas a organizarem suas casas e se desfazerem das coisas que não lhes trazem alegria. Marie Kondo ensina que você deve ter em sua casa apenas as coisas que lhe dão satisfação.

Em resumo, o processo é assim: comece pelo seu guarda-roupas e ajunte TODAS as suas roupas. Pegue em suas mãos cada peça de roupa. Se você tiver um sentimento de "sim, eu gosto dessa roupa"; então fique com ela. Caso contrario, dobre-a e coloque de lado. Faça o mesmo com seus sapatos, bolsas, ítens de decoração, utensílios de cozinha, etc.

Uma vez que você identificou tudo o que não gosta ou não usa mais, prepare-se para vender esses ítens.

Crie uma conta no Mercado Livre ou no oxl. Tire uma foto do ítem que você quer vender e anuncie. Tenha o cuidado de tirar uma foto bonita do seu produto para aumentar as chances de venda.

Anuncie suas coisas no Facebook também. Muitas pessoas geram vendas dessa maneira.

Outra boa maneira de vender as coisas que você não gosta ou não usa é vendê-las para lojas que vendem produtos usados e lojas que vendem produtos em consignação.

Use essas estratégias e invente as suas próprias para vender esses ítens. Aos poucos você vai ficando perito na arte de ganhar para alcançar seu sucesso.

Preste serviços para outras pessoas

Em muitas culturas existe o ditado de que tempo é dinheiro. Esse ditado é derivado do fato de que muitas pessoas são pagas não por um salário fixo, mas pelo tempo que trabalhou.

Se você tem tempo sobrando, transforme-o em recursos financeiros. Se você gosta de crianças, você pode ser babá nos fins de semana para os pais poderem sair para namorar. Se você gosta de animais, você pode cuidar dos gatinhos e cachorrinhos quando os donos vão viajar.

Se você gosta de ensinar, você pode dar aulas particulares para os estudantes do seu prédio, da sua família, da sua vizinhança. Se você gosta de organizar, você pode ajudar profissionais a organizarem o guarda-roupas deles.

Se você gosta de fazer exercícios, você pode ser compania para alguém que precisa de motivação para perder peso. Se você gosta de computadores, você pode ensinar pessoas mais velhas usar um. Se você gosta de andar de bicicletas, você pode fazer entregas no fim de semana.

O que você gosta de fazer? Quais serviços você pode prestar usando os talentos que você tem?

Seja criativo. Use suas habilidades. E torne-se perito na arte de ganhar.

Fabrique alguma coisa e venda

No livro *Faça Alguma Coisa*, o autor Kevin DeYoung convida seus leitores a pararem de filosofar demais e começarem a agir. Por causa desse conselho é que você está lendo esse livro.

Há 10 anos que tenho o desejo de escrever livros que passam adiante as boas lições que aprendi a respeito de assuntos diversos. Mas eu tinha muito receio, pois eu não tinha experiência em escrever e nem sabia por onde começar. Aqui vai um segredo importante: saber por onde começar não é o mais importante. O mais importante é começar.

Convido você a fazer o mesmo. Quando se trata da arte de ganhar, quanto mais ação, melhor.

Deixe-me contar a conversa que tive com minha sobrinha:

"Tia, preciso fazer alguma coisa para ganhar dinheiro. Me ajuda?"

"Ajudo sim. O que você sabe fazer?"

"Eu sei fazer muitas coisas, mas o que eu queria mesmo era vender pipoca gourmet."

"Que ótima idéia, pois a pipoca que você faz é muito gostosa! Eu vou ser sua primeira cliente. Por quanto você vai vender o pacote de 300 gr?"

"Cinco reais?"

"Se você vender por cinco reais, quanto será o seu lucro?"

"Eu não sei"

"Então vamos descobrir juntas. Pegue um caderno, um lápis e uma calculadora."

E assim fomos conversando. Fizemos o cálculo do custo da pipoca e do preço para ter lucro. Também conversamos sobre captação de clientes e vendas. Conversamos sobre o que fazer com o dinheiro do lucro – comprar mais materiais, investir em divulgação, etc. E assim, apenas quatro horas depois, nasceu a pequena empresa da minha sobrinha. Até o momento a empresa dela continua funcionando e vai ganhando campo aos poucos.

Assim como minha querida sobrinha, você também pode fabricar e vender produtos para aumentar seus recursos financeiros. Os peritos na arte de ganhar vêm cada habilidade como uma oportunidade.

Lembra da sua lista de habilidades? Então, o que você pode fazer e vender? Aqui vão algumas sugestões:

- Crie e venda produtos artesanais tais como pintura, artigos de tricô, crochet, bordado, decoração, etc.

- Faça comidas tais como salgadinhos, pães, bolos, biscoitos, docinhos, bolos de aniversário, lanches para empresas ou festas empresariais, comida congelada, etc.

- Plante uma horta e venda os vegetais para amigos, familiares e colegas de trabalho. Venda poupa de fruta congelada das frutas que estão em época.

- Faça roupas para crianças, enxovais para bebê ou caminhas para animais de estimação. Faça fantasias, accesórios e bolsas.

- Escreva um livro, invente um produto de beleza, crie um produto que resolva um problema. As idéias são muitas. Escolha uma e vá em frente.

Comece a vender seus produtos para parentes e amigos. Eles são seu público de teste. Peça para que eles critiquem seu produto e ofereçam sugestões de melhoras.

Recentemente ouvi uma entrevista sobre as três coisas principais que os bilionários têm em comum. A primeira é que eles ajuntaram as habilidades naturais (você é bom no quê?) com uma oportunidade profissional (o que você pode fazer com isso?).

A segunda é que eles foram persistentes e mantiveram o foco na sua idéia. Mesmo quando não viram o resultado imediato, mesmo quando foi difícil, mesmo quando outras prioridades queriam distraí-los.

E a terceira é que eles sempre continuaram a aprender novas habilidades para crescerem profissionalmente e novas idéias para melhorarem o seu negócio.

Lendo esse livro e sabendo disso, você está com a faca e o queijo na mão. E eu estou torcendo pelo seu sucesso, confiante que você vai tornar-se perito na arte de ganhar. Comece hoje.

Venda o que você gosta e usa

Muitos dos meus colegas de trabalho possuem uma outra atividade financeira. Uns prestam serviços, outros vendem os produtos que fabricam e outros são representantes de vendas de empresas tais como Avon, Natura, Herbalife, etc.

Eu não entendo bem como a representação funciona, especialmente porque pode variar de empresa para empresa. Algumas empresas cobram uma taxa de adesão, outras não. Algumas empresas colocam ênfase em captar mais associados, outras não. E assim vai.

O que quero dizer é o seguinte: se você usa e gosta dos produtos da Avon, tente ser uma das representantes. O melhor vendedor é aquele que é apaixonado pelo produto. As empresas que citei acima são apenas exemplos para ilustrar.

Eis uma outra alternativa. Vamos dizer que você simplesmente ama a academia que frequenta. Ninguém é melhor que você para convercer outras pessoas a serem clientes da academia. Você – um cliente satisfeito – falará por experiência própria. Use sua satisfação como uma oportunidade.

Faça a seguinte proposta ao gerente da academia: "Sr. Gerente, eu gosto tanto da academia que vou divulgar para outras pessoas virem malhar aqui. Queria propôr o seguinte acordo: se as pessoas para quem eu indicar a academia se tornarem clientes, você me paga 5% (ou me dá um desconto na minha mensalidade de 10%, etc.)"

Lembre-se dos serviços e produtos que você usa e gosta. Seja criativo e transforme sua satisfação numa oportunidade financeira para você. Os donos de negócios sabem que um cliente satisfeito é uma ótima ferramenta de marketing.

Uma Palavra Final

Você deve ter percebido que dediquei mais tempo falando sobre a arte de poupar do que sobre a arte de ganhar. Essa foi uma decisão intencional.

Quando se trata de alcançar sua liberdade financeira, o mais importante não é quanto você ganha, mas sim quanto você economiza. Sua capacidade de poupar está intimamente ligada à sua decisão de viver com frugalidade.

De nada adianta eu ensinar você a como ser tornar perito na arte de ganhar sem antes ensiná-lo a arte de poupar. Todos nós sabemos gastar. Naturalmente somos peritos na arte de gastar. Mas se eu ganho cinco mil reais por mês e gasto seis mil reais por mês, eu sou pobre.

Pague você primeiro. Viva com menos do que você ganha. Desenvolva suas habilidades. Aproveite as oportunidades ao seu redor. A arte de poupar juntamente com a arte de ganhar ajudará você a acertar o alvo e alcançar suas metas de independência financeira.

Lembre-se de apreciar a jornada. Há mudanças que você poderá colocar em prática da noite para o dia. Outras, levarão mais tempo. Seja perseverante.

Tenha as mesmas qualidades que os bilionários e mantenha o foco. Seja determinado. Seja disciplinado nas escolhas do dia a dia. Não desista. O resultado do seu esforço vai ser uma vida de abundância e tranquilidade.

Coloque em prática o que você aprendeu aqui, eu tenho certeza que você vai conseguir.

Sua opinião

Obrigada por ler esse livro e por aprender sobre a arte de poupar e de ganhar. Sua opinião é importante e eu gostaria de receber sua avaliação no site www.amazon.com.br

Conte aos seus amigos e familiares sobre esse livro para que, assim como você, eles também possam alcançar a independência financeira.

Mais uma vez, muito obrigada. Espero vê-lo em breve no meu próximo livro. Até lá.

www.ingramcontent.com/pod-product-compliance
Lightning Source LLC
Chambersburg PA
CBHW071640170526
45166CB00003B/1372